Julius Springer

Die Regierungsfolge im Herzogtum Braunschweig nach dem Erlöschen des Braunschweig-Wolfenbüttelschen Fürstenhauses

Julius Springer

Die Regierungsfolge im Herzogtum Braunschweig nach dem Erlöschen des Braunschweig-Wolfenbüttelschen Fürstenhauses

ISBN/EAN: 9783742875624

Hergestellt in Europa, USA, Kanada, Australien, Japan

Cover: Foto ©ninafisch / pixelio.de

Manufactured and distributed by brebook publishing software (www.brebook.com)

Julius Springer

Die Regierungsfolge im Herzogtum Braunschweig nach dem Erlöschen des Braunschweig-Wolfenbüttelschen Fürstenhauses

Die Regierungsfolge

im

Herzogthume Braunschweig

nach dem

Erlöschen des Braunschweig-Wolfenbüttelschen Fürstenhauses.

Inhalt.

I.

Einleitung.

Das Herzogthum Braunschweig hat die betrübende Aussicht, sein Fürstenhaus Braunschweig-Wolfenbüttel, die ältere Linie des Gesammt-hauses Braunschweig-Lüneburg, erlöschen zu sehen. Das Land wird durch dieses Ereigniß auf unabsehbare Zeit mit einem schweren Miß-geschicke bedroht, mit dem Anschlusse Braunschweigs an Hannover, mit dem Verluste seiner Verfassung und Verwaltung, um dafür die staat-lichen Einrichtungen des Königreichs Hannover einzutauschen. Jeder Angehörige des Herzogthums, welcher sich dieser Gefahr bewußt ist, fühlt gewiß zu der Frage sich gedrängt, ob es kein Mittel gebe, dem Ungemache zu entgehen, und auf welche Weise solches in Anwendung zu bringen sei.

In der vorliegenden Schrift soll der Versuch gemacht werden, diese Fragen zu beantworten. Vielleicht wird dadurch wenigstens so viel erreicht, daß die Aufmerksamkeit der Braunschweiger mehr als es bisher der Fall war, auf diesen wichtigen Gegenstand gerichtet werde, daß solcher durch das mündliche Wort und durch Schrift zur weiteren Erörterung komme, und eine öffentliche Meinung darüber im Lande sich bilden und aussprechen könne.

Tritt der Zeitpunkt ein, in welchem das Herzogthum seines letzten Fürsten durch den Tod beraubt wird, so bleiben ihm, in Ansehung seiner künftigen Regierung nur zwei Fälle: entweder der Anschluß an

Hannover, oder die Vereinigung mit Preußen. Der dritte denkbare Fall, die fernere Bewahrung seiner Selbstständigkeit, entspricht, des geringen Umfanges des Landes wegen, seinem Vortheile nicht, und seine geographische Lage läßt den Anschluß an einen anderen Staat, außer Hannover und Preußen, nicht zu.

Es thut Noth, daß die Bewohner des Herzogthums sich lebhaft vor die Seele führen, welche Bedrängniß sie zu erleben hätten, wenn ihr Land dem Königreiche Hannover, besonders bei den jetzigen Re= gierungsverhältnissen in diesem Staate, einverleibt werden würde, und welcher Vortheile sie andererseits bis zu der, vielleicht nie zu erreichen= den Einheit Deutschlands verlustig gehen müßten, wenn sie nach der Endschaft der Regierung unter dem jetzigen Fürstenhause nicht mit der an der östlichen und westlichen Seite des Landes grenzenden Großmacht Preußen verbunden werden könnten. Es thut Noth, daß dieses Bewußt= sein bald geweckt und allgemein gemacht werde; denn es würde bei dem, dem Zeitpunkte nach nicht vorher zu bestimmenden Eintritte des befürchteten Ereignisses zu spät sein, da das Herzogthum von Hannover aus in einem Tage militairisch besetzt werden kann, und die voll= endete Thatsache in der Regel eine unwiderstehliche Kraft in Angelegen= heiten des Völker= und Staatsrechtes ausübt, wie Braunschweig bereits einmal in neuerer Zeit (1830 und 1831), für dasmal dem Anscheine nach zu seinem Vortheile, erfuhr.

II.

Hannovers Erbansprüche auf die Regierung in Braunschweig.

In den deutschen Ländern mit monarchischer Regierungsform, und so auch in den Braunschweig-Lüneburgschen Landen, ist von frühester Zeit her die Regierungserbfolge durch die Abstammung von dem ersten Erwerber der Krone, d. i. des staatlichen Herrscherrechtes, bedingt gewesen. Die Vererbung dieses Rechtes und des Landes, worüber es sich erstreckte, fand nach denselben Grundsätzen Statt, welche von der Vererbung unbeweglicher Güter nach dem bürgerlichen Rechte galten, jedoch mit Bevorzugung der männlichen Erben vor den weiblichen. Es war daher auch die Vertheilung des Landes und dessen Regierung unter mehrere gleichberechtigte Erben, nicht allein gestattet, sondern lange Zeit hindurch, namentlich auch in dem braunschweig-lüneburgschen Gebiete, die Regel. Wollte man hier oder da, eintretender Umstände wegen, eine Theilung des Regierungsrechtes mit der Theilung des Landes nicht zugleich vornehmen, so schritt man wenigstens zu s. g. Nutzungstheilungen. Bei denselben wurde die Regierungsgewalt über das ganze Gebiet, so wie der Titel des regierenden Herrn und die Führung der fürstlichen Stimme im deutschen Reiche, einem der Miterben vorzugsweise überwiesen, jedem der übrigen Erben aber überlassen, eine selbstständige Hofhaltung zu errichten, und die dazu erforderlichen Mittel aus dem ihm zugefallenen Erbantheile zu beziehen. Dieses Verfahren gab dem Lande gewissermaßen das Ansehen einer großen Anstalt zum standesmäßigen Unterhalte einer Reihe fürstlicher Familien und gereichte meistens den Unterthanen zu großer Last und vielfachem Schaden.

Die Eingesessenen der Länder wurden bei dieser mit Theilung verbundenen Vererbungsweise, welche offenbar nicht zu dem höchsten Staatszwecke, der Beförderung des Volkswohles, führte, nicht als freie selbstständige Personen mit ihren besonderen Rechten in Beziehung auf ihr irdisches Dasein anerkannt, sondern gleichsam als lebendes Inventarium des Grund und Bodens angesehen. Es möchte wohl kein Fall nachzuweisen sein, daß bei einer solchen Ländertheilung auf das natürliche Recht der Unterthanen, der Zerstückelung zu widersprechen, oder dazu ihre Einwilligung zu geben, mit Erfolg Rücksicht genommen wäre.

Die erste hier in Betracht kommende Theilung der braunschweig-lüneburgschen Lande geschah unter den Söhnen des Herzogs Magnus II. († 1373) Bernhard I. und Heinrich von der Heide. Dieser ersten Theilung folgten fernere in verschiedenen Verzweigungen, wonach abwechselnd auch, durch das Aussterben einiger fürstlichen Familien, hier und da Wiedervereinigung früher getrennter Ländertheile Statt fand, bis endlich unter den Nachfolgern der Ahnherren der jetzigen beiden Fürstenlinien, der Herzöge Heinrich († 1598) und Wilhelm († 1592), Söhne von Ernst dem Bekenner, der heutige Länderbesitz sich gestaltete.

Als die Nachtheile der sich wiederholenden Theilungen in den deutschen Ländern, sowohl für die Regierten, als auch für die fürstlichen Familien selbst, immer fühlbarer wurden, schritt man dazu, dem Uebel Einhalt zu thun. Für die kurfürstlichen Staaten wurde bereits durch das 25. Kapitel der goldenen Bulle des Kaisers Karl IV. von 1356 das Erstgeburtsrecht (Primogenitur) und damit die Untheilbarkeit der Länder eingeführt. Allein es dauerte lange, bevor auch in den übrigen Gebieten des deutschen Reiches dieser Vorgang Nachahmung fand. In dem Herzogthume Braunschweig-Wolfenbüttel geschah dies erst durch den zwischen den herzoglichen Brüdern Heinrich und Wilhelm[1]),

---

1) Nicht zu verwechseln mit den beiden Herzögen gleicher Namen, den Ahnherren der beiden jetzigen Linien des Braunschweig-Lüneburgschen Hauses.

unterm 16. November 1535, abgeschlossenen Vertrag, welcher das Pactum Henrico-Wilhelmianum genannt wird. Dieser Vertrag ist im Laufe der Zeit durch Vereinbarung zwischen Regierung und Ständen wiederholt bestätigt; es gilt also jetzt im Herzogthume als Grundsatz die Erbfolge nach Linien mit dem Rechte der Erstgeburt (die linealische Primogenitur) und daneben Bevorzugung des Mannsstammes vor der weiblichen Linie, auf die erst mit dem Aussterben jenes die Regierung übergeht, und zwar nach denselben erwähnten Vorschriften.

Die Auflösung des deutschen Reiches, welche gewissermaßen durch den Reichs-Deputations-Hauptschluß vom 25. Februar 1803 schon begonnen hatte, indem der Bestand der größeren Anzahl der Reichsstände aufgehoben wurde, um mit deren Ländern einen Theil der übrig bleibenden für die durch den Lüneviller Frieden vom 9. Februar 1801 auf dem linken Rheinufer an Frankreich abgetretenen Besitzungen zu entschädigen [1]), vollendete der zwischen Napoleon I. und 16 Reichsständen geschehene Abschluß des rheinischen Bundes, welchem letzteren später noch 23 andere bisherige Reichsmitglieder beitraten. Auch der Form wurde genügt, da Franz II. am 6. August 1806 die deutsche Kaiserkrone niederlegte und die Reichsangehörigen von ihren Reichspflichten entband.

Durch dieses Ereigniß wurden die als selbstständig übrig gebliebenen Reichsländer mit dem eben erhaltenen Zuwachse an Land und Leuten aus abhängigen Theilen des Reiches in unumschränkte (souveraine) Staaten umgewandelt: sie erschienen daher mit einem Male in

---

[1]) Es mag hier beiläufig zur späteren Nutzanwendung bemerkt werden, daß der fragliche Ersatz für einige Reichsstände dergestalt über das Maß der Verluste hinausging, daß der Begriff von Entschädigung fast ganz verschwand. So erhielt Preußen, das an deutschem Reichsgebiete 24 Quadratmeilen und 76000 Einwohner, und mit dem nicht vom Reiche abhängig gewesenen Herzogthume Geldern 48 Quadratmeilen und 127000 Einwohner verloren hatte, zur Entschädigung 235½ Quadratmeilen und 558000 Einwohner (siehe Staats-Lexikon von v. Rotteck und Welcker, erste Auflage, Band 13, S. 644).

ganz anderen Rechtsverhältnissen als früher. Die bis dahin von den Inhabern der Landeshoheit im Reiche gehegten Ansichten, wonach sie die ihnen untergebenen Länder als Eigenthum ihrer Familien ansahen, und daher auch von diesen ihr Regierungsrecht ableiteten, mußten nun als unverträglich mit den neuen Rechtsverhältnissen sich darstellen. „Durch die Auflösung des Reiches" sagt Sylv. Jordan [1]) „ging die Eigenschaft des Ganzen (die souveraine Staatsqualität) auf jeden Theil, auf jedes souverain gewordene Reichsland über, und es wurde mit der bisherigen Landeshoheit die Reichsstaatsgewalt verbunden, oder richtiger jene in diese umgewandelt, und der bisherige Landesherr gleichsam zum Kaiser in dem neuen Staate. Mit den Rechten des Kaisers übernahm der neue Souverain auch die Pflichten desselben; und wie vordem die Landesregierung zugleich eine Reichsangelegenheit war, so ist sie jetzt die einzige Reichs- oder Staatsangelegenheit, deren Zwecke, wie vordem dem Zwecke der Reichsregierung, jede andere Rücksicht weichen muß. Die Landstände traten, wenn auch der alte Name blieb, jetzt als Reichs- oder Staatsstände dem neuen Souveraine, kraft eigenen Rechtes, gegenüber. Das alte privatrechtsähnliche Verhältniß ist verschwunden; denn es giebt keinen höheren Richter mehr, vor welchem der neue Souverain die Stände, oder diese jenen belangen könnten. Beide haben von nun an in ihrer gegenseitigen Beziehung nur Gott und ihr Gewissen als Richter anzuerkennen. Was der neue Souverain mit den Ständen von nun an anordnet, das ist als durch den Staatszweck geboten oder als diesem angemessen zu betrachten und sohin verbindlich für Alle im Staate, ohne daß die Rechtsbeständigkeit einer solchen gemeinschaftlichen Anordnung von irgend Jemandem angefochten werden könnte, wie sich aus dem Begriffe eines souverainen Staates von selbst ergiebt, in welchem alle Sonderinteressen dem Gesammtinteresse des Ganzen schlechthin nachstehen müssen."

Die Völker gelangten nur allmählig zu dem Bewußtsein des

---

1) Staats-Lexikon, 7. Band, S. 528.

neuen Verhältnisses und zu der Ueberzeugung, daß ihnen an der auf die einzelnen Staaten übergegangenen Souverainetät ihr gutes Theil gebühre. In der That kann man wohl nicht mehr darüber zweifelhaft sein, und angesehene Staatsrechtskundige lehren es, daß die Souverainetät, die innere und äußere Gewalt der Staatseinheit, in den monarchischen deutschen Staaten dem Fürsten und dem Volke gemeinschaftlich zustehe (vergleiche Welker im Staatslexikon, 1. Auflage, Band 15, S. 65. f.), und daß, wenn gleich der Fürst der Träger der Souverainetät ist, der Schwerpunkt derselben gerade im Volke liege, da man sich keinen unumschränkten Herrscher — im eigentlichen Sinne des Wortes genommen — ohne Volk, wohl aber ein souverainies Volk ohne Herrscher denken kann, wie es denn auch, neben den Monarchien, souveraine Republiken von jeher gab und noch giebt.

Diese begründeten Ansichten, welche man sich so lange scheute laut auszusprechen, sind übrigens völlig ungefährlich für die regierenden Fürsten und deren legitime Nachfolger. Das allgemeine Staatsrecht ergiebt nämlich zugleich den unerschütterlichen Grundsatz, und zwar nicht allein zum Vortheile der Regierenden, sondern auch und hauptsächlich zum Besten der Völker, daß der legitime Fürst, sobald er die Zügel der Regierung im geordneten Wege übernommen hat, bis zu seinem Ableben nicht wieder der souverainen Gewalt entkleidet werden kann, ohne seine ausdrückliche Zustimmung, selbst dann nicht, wenn ihm die eine oder die andere der zur Ausübung der Regierung unerläßlichen Eigenschaften verloren gehen sollte. [1]

Zugleich steht aber auch im anerkannten Rechte fest, daß auf den legitimen Nachfolger des regierenden Fürsten, insofern er die zum Regieren und zu der Erreichung des Staatszweckes erforderlichen Eigenschaften besitzt, die Regierung mit denselben Befugnissen und Verpflichtungen übergeht, wie sie seinem Vorgänger den Gesetzen gemäß zustanden und oblagen.

---

[1] Ein Beispiel von der Anwendung dieses Grundsatzes sahen wir seit zwei Jahren in Preußen.

Es bleiben hier die Zustände außer Berücksichtigung, welche eine gewaltsame Umwälzung im Staate herbeiführt, da dieselben außerhalb der Grenzen des geordneten Rechtes sich befinden und bei dem vorliegenden Zwecke nicht in Betracht kommen.

In dem Herzogthume Braunschweig ist vielseitig die Ansicht verbreitet, daß das auf Verwandtschaft mit seinen Herzögen gestützte Erbrecht des königlichen Hauses Hannover auf die Regierung in Braunschweig, an und für sich, und abgesehen von den weiter unten anzuführenden Einreden gegen dessen Wirksamkeit, welche aus faktischen Verhältnissen und dem Staatsrechte sich ergeben, nicht bestritten werden könne [1]). Indessen soll doch ein Bedenken dagegen hier erhoben werden.

Das Herzogthum machte seinem ganzen Umfange nach einen Theil des im Jahre 1807 errichteten Königreiches Westphalen aus, welches unter Anerkennung aller Fürsten des europäischen Festlandes, die im Besitze einer Regierungsgewalt sich noch befanden, sieben Jahre bestand. Nach der Auflösung desselben, in Folge des Feldzuges gegen Napoleon im Jahre 1813, besonders nach der Schlacht bei Leipzig, nahm der Herzog Friedrich Wilhelm das vormalige braunschweigische Land in Besitz. Es ist wohl nicht zu bezweifeln, daß der leitende Gedanke des Herzogs bei dieser Besitznahme auf sein Erbrecht, als legitimer Nachfolger des Herzogs Carl Wilhelm Ferdinand, seines Vaters, sich stützte. Allein dieser leitende Gedanke ist dabei nicht durchaus maßgebend für die Rechte, welche er durch die Besitznahme des Landes erwarb.

Das vormalige Herzogthum hatte seine frühere Eigenschaft als

---

1) Vor nicht langer Zeit wurde durch die öffentlichen Blätter mitgetheilt, daß der Professor H. Schulz, früher in Jena, jetzt in Breslau, die Absicht habe, in einer Schrift darzuthun, daß das Herzogthum Braunschweig nach dem Aussterben seines Fürstenhauses, bestehenden Erbverträgen nach, nicht an Hannover, sondern an Preußen fallen müsse; allein bis jetzt ist diese Schrift im Buchhandel nicht erschienen.

solches durch die Einverleibung in das Königreich Westphalen verloren; die verbündeten Mächte sahen die durch ihre Truppen besetzten Theile Deutschlands, welche eine Zeitlang zu dem Kaiserthume Frankreich und dem Königreiche Westphalen gehört hatten, also Braunschweig mit eingeschlossen, ja sogar auch das Gebiet des Königs von Sachsen, des letzten deutschen Verbündeten Napoleons, als zu ihrem Vortheile eroberte Länder an; sie verfügten darüber nach ihrem unbeschränkten Ermessen, und zwar in mehreren Fällen ohne Rücksicht auf die früheren Inhaber derselben. Hätten sie für nöthig oder zweckmäßig gehalten, das Herzogthum Braunschweig als solches nicht wieder herzustellen, sondern es einem anderen Staate, z. B. Preußen, zur Verbindung seiner östlichen Provinzen mit den westlichen, anzuschließen, so würde das geschehen und damit die Existenz des Herzogthums auf immer beseitigt gewesen sein. Dadurch aber, daß sie dem Herzoge Friedrich Wilhelm gestatteten, das vormals braunschweigische Gebiet für sich in Besitz zu nehmen, es ihm also gleichsam als eine neue Verleihung zukommen ließen, verlor es die Eigenschaft des dem Könige von Westphalen durch Eroberung abgenommenen Landes nicht, und in dieser Hinsicht ist Friedrich Wilhelm als der erste Erwerber seines Herzogthums, im Sinne des Successionsrechtes der deutschen Fürsten, anzusehen. Sein nunmehriger Besitztitel, die Verleihung durch die Großmächte, war ein völkerrechtlicher, nicht mehr der staatsrechtliche, das von seinem Vater hergeleitete Successionsrecht, welches letztere nur etwa, neben anderen Umständen, als Beweggrund zu der Verleihung für die Großmächte angesehen werden konnte.

Daß Preußen, Rußland und Oesterreich, welche die Schlacht bei Leipzig gewannen, die dem Kaiser Napoleon und dessen Verbündeten abgenommenen Länder als für sich erobert ansahen, worüber sie also nach ihrem Ermessen verfügen wollten, ergiebt sich nicht allein aus den weiter unten (S. 16. f.) zu erwähnenden Verhandlungen auf dem Wiener Congresse, sondern auch aus zwei Staatsverträgen.

Ein geheimer Artikel des Vertrages von Kalisch setzte fest, daß

Preußen künftig den ganzen Norden von Deutschland umfassen solle, mit alleiniger Ausnahme der vormaligen Besitzungen des Hauses Hannover (siehe des Barons von Gagern Werk: „Mein Einfluß auf die Politik," Theil 2, S. 31)¹). Und der Vertrag zwischen Preußen und Großbritannien vom 14. Juni 1813 enthält im ersten Artikel, daß Preußen sich verpflichte, dahin mitzuwirken, daß das Haus Braunschweig = Wolfenbüttel seine früheren Besitzungen zurückerhalte (siehe die Staatsschrift des hannöverschen Cabinets = Ministers Grafen von Münster: Réfutation des accusations injurieuses etc. seconde édition. Hanovre chez Hahn, libraire de la cour. 1827, S. 87).

Hätte es sich von selbst verstanden, daß die Länder, welche Napoleon an die Verbündeten verlor, an ihre früheren Besitzer oder deren Erben zurückfielen, so würden, um dieses zu bewirken, keine Verträge abzuschließen gewesen sein.

Auch eine Aeußerung des Grafen von Münster in der vorhin genannten Schrift, Seite 87, bestätigt diese Ansicht. Er sagt: Alle Die, welche die geringste Kenntniß der Verhandlungen auf dem Wiener Congresse haben, wissen, daß man Anfangs daselbst nicht die Absicht hegte, allen noch nicht mediatisirten Fürsten Deutschlands eine volle Souverainetät zuzugestehen; indessen haben sie solche doch am Ende erhalten.²)

Da die vor der Eroberung Deutschlands durch Napoleon noch nicht mediatisirten regierenden Fürsten daselbst die Souverainetät be-

---

1) Pour cet effet S. M. l'Empereur de toutes les Russies promet de la manière la plus solennelle d'appliquer aux équivalens, que les circonstances pourrait exiger, pour l'intérêt même des deux états et à l'agrandissement de la Prusse, toutes les acquisitions qui pourraient être faites par ses armes et les négociations, dans la partie septentrionale de l'Allemagne, à l'exception des anciennes possessions de la maison de Hanovre.

2) Tous ceux qui ont le moindre connaissance des négociations de Vienne savent qu'on n'y avait pas d'abord l'idée d'accorder une pleine souraineté à tous les princes nonmédiatisés de l'Allemagne. Ils l'ont obtenue à la fin etc.

reits erlangt hatten, also auch der Herzog Carl Wilhelm Ferdinand von Braunschweig, so durfte sie ihnen, den Rechten nach, nach der Vertreibung der Franzosen, nicht verweigert werden, wenn sie oder ihre Erben von Rechts wegen ihre vormaligen Länder hätten zurückverlangen können. Von einer Nichtverleihung der Souverainetät konnte also auf dem Wiener Congresse nur die Rede sein, wenn die Verleihung oder Verweigerung der Länder von der Willkür der verbündeten Großmächte abhing.

Das Erbrecht Hannovers auf die Regierung in Braunschweig, abgeleitet von einem früheren Erwerber des Landes als Friedrich Wilhelm, welches mit der Errichtung des Königreiches Westphalen verloren ging, ist unter den angeführten Umständen durch die Besitznahme des Landes von Seiten dieses Fürsten nicht wieder hergestellt. Hätte dasselbe wieder aufleben sollen, so würde solches entweder nur durch eine bei der Verleihung des Landes dem Herzoge Friedrich Wilhelm durch die Großmächte auferlegten entsprechenden Bedingung oder durch einen desfallsigen Vertrag zwischen Braunschweig und Hannover haben geschehen können. Allein es wurde weder die Bedingung auferlegt, noch der Vertrag geschlossen, und dieser letztere hätte ohnehin, um für das braunschweigische Volk, dem einen Factor der Souverainetät des Staates, bindend zu sein, der Zustimmung desselben, oder seiner Vertreter, bedurft.

Der erste Grundsatz, der bei dem Thron-Successionsrechte der deutschen Fürsten eintritt, ist nun, daß solches von dem ersten Erwerber des Landes abgeleitet werden muß, daß also Niemanden, der nicht von dem ersten Erwerber abstammt, ein Erbfolgerecht zusteht [1]. Hiernach sind die beiden Söhne Friedrich Wilhelm's, die Herzöge Carl und Wilhelm, die alleinigen legitimen Thronfolger im Herzogthume Braunschweig. Wenn keiner von beiden legitime Regierungserben hinterläßt, so bleibt, nach

1) Siehe Häberlin's Handbuch des deutschen Staatsrechtes, 3. Band, Bamberg 1797, S. 499; Staats-Lexikon, 1. Auflage, 15. Band, S. 305, und Deutsches Staats- und Bundesrecht von H. A. Zachariä, 2. Auflage, 1. Theil, §. 66.

dem Aussterben des Braunschweig = Wolfenbüttelschen Hauses, dem braunschweigischen Volke allein überlassen, zu beschließen, welchem Für= sten dann die Regierung in Braunschweig übertragen werden soll, um das Haupt einer neuen Dynastie zu sein[1]).

An diesen entwickelten Rechtsverhältnissen wird zum Vortheile des Hauses Hannover nichts durch den Umstand geändert, daß der Herzog Friedrich Wilhelm das Königreich Westphalen nicht anerkannte.

Als der Herzog Carl Wilhelm Ferdinand am 10. November 1806 in Ottensen bei Hamburg in Folge der in der Schlacht von Jena erhaltenen Verwundung, mit Tode abging, war das Herzogthum Braunschweig bereits von Napoleon's Truppen als erobertes Land be= setzt. Sein Sohn Friedrich Wilhelm konnte daher die Regierung nicht antreten; er ist also bis zur Besitznahme Braunschweigs im Jahre 1813 nicht regierender Herzog, sondern nur Thron=Prätendent gewe= sen. Ein solcher Prätendent aber nicht allein, sondern selbst jeder bis= her regierende Fürst, welcher sein ganzes Land durch den Krieg ver= lor, wird nach dem Völkerrechte als zur Kriegsführung berechtigt nicht mehr angesehen. Zur Führung eines Krieges haben nur souveraine Staaten und deren Regierungen ein Recht. Ein Fürst jedoch ohne Land und Volk ist kein Souverain im eigentlichen Sinne des Wortes mehr, weil das Volk einen unerläßlichen Bestandtheil des souverainen

---

1) Solcher Fälle, in welchen das Volk oder seine Vertreter über die Be= setzung des erledigten Thrones entschied, sind schon wiederholt vorgekommen. In dem Droit des gens par Vattel, in der Ausgabe von Neufchatel von 1777, S. 29, ist ein Beispiel dieser Art angeführt: Les états de la principauté de Neufchatel ont souvent prononcé, en forme de sentence juridique, sur la succession à la souveraineté. En l'année 1707 ils jugèrent entre un grand nombre de prétendents, et leur jugement rendu en faveur du roi de Prusse, a été reconnu de toute l'Europe dans le traité d'Utrecht.

Die Stände des Fürstenthums Neuenburg haben oft in Form einer gericht= lichen Entscheidung über die Thronfolge Bestimmungen erlassen. Im Jahre 1707 entschieden sie zwischen einer großen Zahl von Prätendenten, und ihre zu Gunsten des Königs von Preußen abgegebene Entscheidung ist von den Mächten Europas in dem Friedensvertrage von Utrecht anerkannt worden.

Staates ausmacht. Wollte er ein Heer anwerben, so könnte das nur in einem fremden Staate geschehen; eine solche Werbung jedoch ist ebenfalls gegen die Vorschriften des Völkerrechtes, und eine unberechtigte Handlung kann nicht der Stützpunkt eines Rechtes (hier der Kriegsführung) werden. Es ist schon Unglück genug für die Menschheit, daß die nach dem Völkerrechte erlaubten Kriege Statt finden; wollte man auch noch den Fürsten ohne Land und Leute (und warum dann nicht auch noch anderen Personen?) gestatten, Krieg zu führen, so würde das damit verknüpfte Trübsal noch bedeutend vermehrt werden und nicht leicht ein Ende nehmen.

Mit einem Fürsten, dem das ganze Land durch Eroberung abgenommen ist, wird auch kein Friedensvertrag geschlossen, insofern der Eroberer ihm nicht das ganze Land oder einen Theil desselben zurückerstatten will. Denn in dem Augenblicke, in welchem dem Besiegten alles genommen ist, wird er als ein Kriegsberechtigter und ein solcher Fürst, welcher einen Friedensvertrag abzuschließen hat, nicht mehr anerkannt. Vattel sagt in dieser Hinsicht a. a. O. S. 75: Der Grund und Boden, die Staatsgüter, die Städte, die Provinzen kommen unter die Gewalt des Feindes, welcher sich derselben bemächtigt; aber die Erwerbung wird erst vollständig, das Eigenthum erst erworben durch den Friedensvertrag oder durch die gänzliche Unterwerfung und Vernichtung des eroberten Staates, zu welchem diese Städte und Provinzen gehörten.[1]

Nicht allein Napoleon war der Ansicht, daß diese Bestimmungen des Völkerrechtes auf den Herzog Friedrich Wilhelm in dem vorliegenden Falle Anwendung fänden, sondern auch der König von Preußen und der Kaiser von Oesterreich schienen derselben beizutreten; denn es

---

1) „Les immenbles, les terres, les villes, les provinces passent sous la puissance de l'ennemi, qui s'en empare; mais l'acquisition ne se comsomme, la propriété ne devient stable et parfaite que par le traité de paix, ou par l'entière soumission et l'extinction de l'état auquel ces villes et provinces appartenaient."

wurde des Herzogs weder im Tilsiter Frieden vom 9. Juli 1807, noch in dem Wiener Frieden vom 14. October 1809 gedacht. Nach dem Waffenstillstande von Znaim (12. Juli 1809), in welchen er ebenfalls nicht mit eingeschlossen wurde, weil er seine, im Völkerrechte nicht begründete, Ansicht nicht aufgeben wollte, daß er sein auf eigene Kosten errichtetes Corps in seiner Eigenschaft als Herzog von Braun= schweig und nicht unter österreichischer Autorität gegen Napoleon ins Feld geführt hatte, sah er, um sein Corps nicht aufzulösen, sich ge= nöthigt, den bekannten kühnen Kriegszug durch Deutschland zu unter= nehmen und sich und seine Waffengefährten (am 6. und 7. August) in dem oldenburgschen Hafen Elsfleth nach England einzuschiffen.

Auch die hin und wieder aufgestellte Behauptung, daß die Be= setzung des Herzogthums Braunschweig nach der Schlacht bei Jena (14. October 1806) durch französische Truppen und dessen spätere Einverleibung in das Königreich Westphalen völkerrechtswidrig gewesen sei, weil der Herzog Carl Wilhelm Ferdinand, nicht als Herzog von Braunschweig, sondern als preußischer Feldmarschall die Armee des Königs Friedrich Wilhelm III. anführte, erscheint als unbegründet.

Mag man auch annehmen, daß Napoleon's entgegenstehende An= sicht, daß Carl Wilhelm Ferdinand als souverainer Herzog gegen ihn zu Felde zog, unrichtig gewesen sei, so genügte es doch, daß er sie hegte oder zu hegen vorgab, um die Ausdehnung des Krieges mit Preußen gegen das Herzogthum Braunschweig als eine rechtmäßige anzusehen. Denn nach dem Völkerrechte wird vorläufig angenommen, daß beide kriegführende Parteien sich im Rechte befinden, bis das Waffenglück entscheidet, wem das materielle Recht dauernd zustehen soll. „Die erste Regel" sagt Vattel (a. a. O. S. 71) „in der Materie, welche wir hier behandeln (vom Kriege), ist, daß der förmliche Krieg, was seine Wirkung anbetrifft, als gerecht von beiden Seiten angesehen werden muß. Eine andere Voraussetzung ist unthunlich zwischen Völ= kern, weil diese keinen Richter über sich anerkennen." Und ferner: „Man darf nie vergessen, daß dieses vertragsmäßige Völkerrecht, wel=

ches nur der Nothwendigkeit wegen zugelassen ist, um größere Uebel
zu vermeiden, Demjenigen, welcher die Waffen auf ungerechte Weise
ergreift, kein wahres Recht giebt, welches im Stande sei, sein Be-
nehmen zu rechtfertigen und sein Gewissen zu beruhigen, sondern, daß
es allein nur die äußere Wirkung des Rechtes und die Un-
strafbarkeit unter den Menschen verleiht.[1]

Wollte man den völkerrechtlichen Lehrsatz nicht anerkennen, daß
die definitive kriegerische Eroberung den Ausgangspunkt eines neuen
staatsrechtlichen Zustandes bilden kann und muß,[2] so würde man in
Europa und namentlich auch in Deutschland nie zu einem Rechts-
zustande wieder gelangen können. Zur Ungereimtheit aber sogar würde
es führen, wollte man zugestehen, daß die Nichtanerkennung des neuen
von allen Mächten des Festlandes bereits genehmigten Rechtszustandes
von Seiten des Thron=Prätendenten eines kleinen Herzogthumes denselben auf unbestimmte Zeit in Ungewißheit setzen könnte.

Es reichte hin, daß das Königreich Westphalen von den Mächten
des Festlandes anerkannt war, um seinen Bestand als einen völker=
rechtlichen anzusehen, und in Betreff des Theiles des Königreiches,
welchen das braunschweigische Land bildete, war, dem Herzoge Friedrich Wilhelm gegenüber, der rechtlichen Form dadurch auch genügt, daß
das braunschweigische Volk, der eine Bestandtheil des souverainen Herzogthums, die Regierung des Königs von Westphalen als die nun=

---

1) La première règle de ce droit, dans la matière dont nous traitons,
est que la guerre en forme, quant à ses effets, doit être regardée comme
juste de part et d'autre.

Il est même impracticable d'agir autrement de nation à nation, puis-
qu'elles ne reconnaissent point de juge.

Il ne faut jamais oublier que ce droit des gens volontaire, admis par
nécessité et pour éviter de plus grands maux, ne donne point à celui dont
les armes sont injustes, un véritable droit, capable de justifier sa conduite
et de rassurer sa conscience, mais seulement l'effet extérieur du droit et
l'impunité parmi les hommes."

2) Vergleiche Staats=Lexikon, Band 15, S. 316, wo die kriegerische Eroberung als eine außerordentliche Thronfolge mit aufgeführt ist.

mehr rechtmäßige anerkannte — ob gern oder ungern ist hierbei gleich=
gültig — nachdem es zu der Ueberzeugung gekommen war, daß der
legitime Nachfolger seines verstorbenen Herzogs ihm nicht mehr den
nöthigen, von ihm zu gewährenden Schutz vor dem Feinde angedeihen
lassen konnte.

Auch auf dem Wiener Congresse kam die Frage zur Erörterung,
ob die von Napoleon in Deutschland in Besitz genommenen, von den
rechtmäßigen Regenten jedoch an ihn nicht abgetretenen und nun nach
der Schlacht bei Leipzig von den alliirten Mächten besetzten Länder zu
den eroberten zu rechnen seien.

In dem ersten Pariser Frieden vom 30. Mai 1814, errichtet
von Oesterreich, Rußland, England und Preußen und ihren Alliirten
mit Frankreich, wurde im Artikel 32 festgesetzt, daß alle Mächte,
welche an dem beendigten Kriege Theil genommen, nach zwei Monaten
Bevollmächtigte nach Wien senden sollten, um in einem allgemeinen
Congresse die weiteren Anordnungen, welche die Verfügungen des Frie=
densvertrages noch erforderten, zu verabreden und zu beschließen [1]).

Die noch unberichtigten Territorial=Verhältnisse in Deutschland
waren ein Hauptgegenstand dieser Verhandlungen für die Minister der
dabei betheiligten Mächte. Es mußten Verfügungen getroffen werden
über verschiedene eroberte Länder, welche theils ihren vorigen Besitzern
wieder überlassen und angerechnet, theils abgetreten, vertauscht und
vertheilt werden sollten. Zu diesem Ende hielt man es als Vorarbeit
für nöthig, die Volksmenge der verschiedenen Ländertheile zu ermitteln.
Es wurde dieses Geschäft einer dazu ernannten Commission überwiesen
und dieser eine Instruction ertheilt. Die beiden Artikel der letzteren lauteten:

---

1) Art. XXXII. Dans le délai de deux mois, toutes les puissances qui
ont été engagées de part et d'autre dans la présente guerre, enverront des
plénipotentiaires à Vienne, pour régler dans un congrès général, les arran-
gements qui doivent compléter les dispositions du présent traité. Siehe
Acten des Wiener Congresses, herausgegeben von Dr. J. L. Klüber, erster Band,
erstes Heft, S. 25.

1) Der Zweck des Zusammentrittes der Commission ist die genaue Aufzählung der, Napoleon und seinen Verbündeten gegenüber, eroberten Gebiete, ohne Rücksicht auf die zu treffende Bestimmung in Ansehung derselben.

2) Die Schätzung des Werthes der Ländertheile geschieht nach der Bevölkerung derselben.[1]

In dem Protocolle über die erste Sitzung der Commission ist unter Anderm Folgendes enthalten:

Was die erste Frage (Nr. 1 der Instruction) anbetrifft, so ist beschlossen, daß man dem Gange des Krieges folgen, und daher den Anfang machen wolle:

1) mit dem Herzogthume Warschau und Danzig;

2) daß man sodann übergehen werde zu dem Königreiche Sachsen;

3) von da zum Königreiche Westphalen, ohne dem Grundsatze Abbruch zu thun, daß man solche Länder nicht als eroberte ansehen kann, welche von ihren rechtmäßigen Regenten (an Napoleon) nicht abgetreten sind.[2]

Diese bei 3 enthaltene Bemerkung veranlaßte die nachstehende Erklärung der preußischen Commissarien in der fraglichen Commission.

Die Unterzeichneten haben den ausdrücklichen Befehl von dem preußischen Cabinette erhalten, die nachfolgende Erklärung zu Protocoll zu geben.

---

1) 1. Le but de la réunion de la commission sera la détermination précise des territoires conquis sur l'empereur Napoléon et ses alliés dans la dernière guerre, sans égard à la destination de ces territoires.

2. L'évaluation de ces territoires se fera sous le point de vue de la population. (Acten des Wiener Congresses, Band 5, Seite 8.)

2) Quant à la première question, il a été arrêté qu'on commencera, en suivant généralement la marche de la dernière guerre,

1. par le duché de Varsovie et Dantzig;

2. on passera ensuite à la Saxe royale;

3. de là au royaume de Westphalie, sans déroger au principe qu'on ne saurait regarder comme conquêtes les pays non-cédés par le souverain légitime. (Wiener Congreß-Acten, Band 5, Seite 10.)

Die Clausel, welche sich in dem Conferenz-Protocolle vom 24. d. M.
befindet:

> „ohne dem Grundsatze Abbruch zu thun, daß man solche
> Länder nicht als eroberte ansehen kann, welche von ihren
> rechtmäßigen Regenten nicht abgetreten sind,"

gehört nicht zu dem Geschäftskreise der Commission. Da sie nur er=
nannt ist, um den genauen statistischen Werth der dem Kaiser Napo=
leon und seinen Verbündeten durch Eroberung abgenommenen Länder
festzustellen, ohne auf eine Berathung über die künftige Bestimmung
dieser Gebiete einzugehen, so ist sie nicht berufen, sich über die Grund=
sätze auszulassen, auf welche jene Bestimmung gestützt werden könnte.
Es folgt daraus, daß die Commission die fraglichen Grundsätze indirect
weder verwerfen noch bestätigen kann, indem sie ausspricht, daß sie
keinen Abbruch thun wolle dem, was die Grundsätze feststellen. Die
Unterzeichneten erklären daher, daß das preußische Cabinett jene Clau=
sel als nicht zu dem Geschäftskreise der Commission gehörend und des=
halb als eine solche ansieht, welche nicht in ihr Protocoll hätte ein=
geschaltet werden sollen. Es würde genügt haben, daß die Commission,
wenn sie es für nöthig erachtete, in dem Protocolle gesagt hätte, daß
durch ihre Arbeit, ihrer Natur nach), irgend ein Grundsatz des öffent=
lichen Rechtes weder bestätigt noch entkräftet werden könne.[1]
Wien, den 28. December 1814.

Unterzeichnet: Jordan. Hoffmann.

---

[1] Déclaration de M. M. les commissaires prussiens.

Les soussignés ont reçu l'ordre exprès du cabinet prussien de faire la déclaration suivante au protocole.

La clause, qui se trouve dans le protocole de la conférence du 24 de
ce mois:

> „sans déroger au principe qu'on ne saurait regarder comme conquête
> des pays non-cédés par le souverain légitime"

n'appartient point au ressort de la commission. Etant établie pour déterminer la valeur statistique et précise des territoires conquis sur l'empereur
Napoléon et ses alliés dans la dernière guerre, sans qu'elle doive entrer dans

Es läßt sich aus dieser Erklärung entnehmen, daß das preußische Cabinet die sämmtlichen, dem Kaiser Napoleon und seinen Verbündeten abgenommenen Länder, gleichviel ob sie früher in Friedensverträgen an Napoleon durch die legitimen Regenten abgetreten waren oder nicht, als eroberte ansah, über welche der Congreß zu verfügen hatte. Es bezog sich in dieser Hinsicht auf das öffentliche Recht, ohne dasselbe weiter zu erläutern. Indessen ist nicht zu bezweifeln, daß es die allgemein bekannten Grundsätze des Völkerrechtes, welche bereits oben, S. 12. ff. entwickelt sind, vor Augen hatte.

Der preußischen Erklärung folgte eine Gegenerklärung des hannöverschen Ministers:

Da die preußischen Herren Bevollmächtigten beauftragt sind, eine Erklärung zu dem Protocolle der statistischen Commission vom 28. December abzugeben, um die Clausel zu mißbilligen, welche sich im Protocolle der Conferenz vom 24sten in Beziehung auf den Grundsatz befindet, „daß man als Eroberungen die Länder nicht ansehen kann, welche von ihren Souverainen nicht abgetreten sind"; so hält der Unterzeichnete, welcher die Clausel vorgeschlagen hat, sich für verpflichtet, die Aufnahme der nachstehenden Antwort in das Protocoll zu verlangen.

Die Bemerkung, daß die Commission nicht berufen sei, die Grund-

<hr/>

aucune discussion sur la destination future de ces pays, elle n'est point appelée à discuter ou à s'expliquer sur les principes qui pourraient former la base de cette destination. Il s'ensuit qu'elle ne peut ni les réprouver, ni les consacrer indirectement en annonçant qu'elle ne déroge point à ce qu'ils statuent. Les sousignés déclarent en conséquence que le cabinet prussien regarde cette clause comme n'appartenant pas au ressort de la commission, et comme n'ayant point dû être insérée dans son protocole, dans lequel il suffirait, si on le croyait nécessaire, de dire que le travail de la commission ne pourrait par sa nature ni consacrer ni infirmer aucun principe de droit public quelconque.

Vienne, le 28 décembre 1814.

Signé: Jordan. Hoffmann.

(Acten des Wiener Congresses, Band 5, Seite 29.)

säße zu berathen, welche als Grundlage der künftigen Verfügung über die fraglichen Länder dienen könnten, vermag kein Mitglied der Commission abzuhalten, über die Interessen seines Herrn zu wachen, sobald es solche für gefährdet hält. Es ist daher, ohne Rücksicht auf die der Commission ertheilte Instruction, die Clausel vorgeschlagen und einstimmig, selbst von den preußischen Commissarien, angenommen, welche letztere in der ersten Sitzung auch von Rußland bevollmächtigt waren.

Der Beweggrund, welcher die Clausel nöthig erscheinen ließ, ergiebt sich aus dem Folgenden.

Die Instruction schreibt zwar vor, daß die Commission die dem Kaiser Napoleon und seinen Verbündeten durch den letzten Krieg abgenommenen Länder verzeichnen soll, ohne Rücksicht auf die demnächst darüber (vom Congresse) zu treffende Bestimmung zu nehmen. Allein diese Vorschrift will nicht, daß die Commission nur maschinenmäßig handle, ohne zugleich zu überlegen; denn in diesem Falle hätte man ihr vorschreiben müssen

1) das was sie unter dem Ausdrucke Eroberung verstehen,

2) wo die Grenze ihrer Ermittelungen sein solle.

Wenn die längere oder kürzere einfache feindliche Besetzung eines Landes, woraus späterhin der Feind wieder vertrieben worden, genügen sollte, um es als Eroberung anzusehen, so würde man (ohne Zweifel auf unrichtige Weise) unter die Zahl der in dem letzten Kriege gemachten Eroberungen auch die russischen Provinzen aufnehmen können, welche Napoleon 1812 besetzt hielt.

Wenn die Commission nicht das Recht gehabt hätte, bei ihrer Arbeit selbst Ueberlegung anzuwenden, so würde sie, nach dem Buchstaben der Instruction, auch verpflichtet gewesen sein, sich mit Spanien zu beschäftigen, welches die größere Anzahl der Mächte für eine legitime Besitzung von Joseph Bonaparte anerkannt hatte. That die Commission wohl daran, sich nicht mit einer solchen unnützen Arbeit zu befassen, so hätte sie vielleicht (ohne gegen die Instruction zu handeln, welche sagt, daß ihre Arbeit ohne Rücksicht auf die künftige Bestimmung der fraglichen Länder geschehen solle) eben so gut die statistische Abschätzung von Gebieten unterlassen sollen, welche keiner anderen künftigen Bestimmung unterworfen werden können als der ihrer Souveraine.

In dieser Hinsicht befinden sich Holland, Hannover, die hanseatischen Städte mit Spanien in gleichem Falle.

Es ist augenfällig, daß die Arbeit der statistischen Commission zum Zwecke hat, die Nachrichten zu liefern, deren die Cabinette bedürftig sein können, um die Gebietserstattungen und deren Abrundung festzustellen, welche verschiedene Mächte verlangen.

In dieser Beziehung müssen die Eroberungen aus drei verschiedenen Gesichtspunkten ins Auge gefaßt werden. Es kommen daher in Betracht:

1) die unzweifelhaft zur Verfügung stehenden Länder, wie z. B. das linke Rheinufer, in so weit der Pariser Friedensvertrag noch nicht darüber verfügt hat,

2) die Länder, welche schon dieser oder jener Macht überwiesen sind, wovon es nöthig ist, die Volksmenge zu kennen, um beurtheilen zu können, ob und was die betreffende Macht noch zu fordern hat, wie z. B. die Oesterreich in Italien überwiesenen Länder, die im Tilsiter Frieden abgetretenen preußischen Provinzen,

3) die Gebiete, welche zur Verfügung ihrer legitimen, als solche bereits anerkannten Herren schon verstellt sind, deren Aufführung zu dem hier vorliegenden Zwecke den Congreß nicht interessiren kann.

Wenn einerseits die Commission geglaubt hat, ihre Arbeit auf die zuletzt erwähnten Länder ausdehnen zu müssen, in der Idee, die Berechnungen zu erleichtern über Provinzen, welche den legitimen Regenten vom Feinde genommen waren, und nun zurückzugeben sind; so mußte auf der anderen Seite die Einrückung eines Vorbehaltes in das Protocoll nöthig erscheinen, um zu vermeiden, daß diese Länder mit

denen einer anderen Classe zusammengeworfen und mit unter den all=
gemeinen Namen der Eroberungen begriffen werden.

Diese Betrachtungen haben nicht zugegeben, daß der Unterzeich=
nete durch die Protestation des preußischen Cabinettes sich überzeugen
konnte, die mehrgedachte Clausel, welcher übrigens die Bevollmächtigten
von Großbritannien und Frankreich beistimmen, sei unnütz oder am
unrechten Orte [1]).

Wien, den 28. December 1814.

Unterzeichnet: Der Graf von Münster.

_____

1)	Contre-déclaration de M. le comte de Muenster.

„M. M. les plénipotentiaires prussiens ayant été chargés de faire une
déclaration au protocole de la séance du comité statistique du 28 décembre,
pour réprouver la clause, qui se trouve dans le protocole de la conférence
du 24. relativement au principe „qu'on ne saurait regarder comme conquête
des pays non-cédés par leur souverain'', le sousigné étant celui qui a pro-
posé cette clause, se croit obligé à demander l'insertion de la réponse suivante.

L'observation, „que la commission n'est point appelée à discuter ou à
s'expliquer sur les principes qui pourrait former la base de la destination
future des pays'', ne saurait empêcher aucun de ses membres de faire son
devoir en veillant aux intérêts de son maitre, dès qu'ils pourrait les croire
compromis. C'est donc sans égard aux instructions données à la commission,
que cette clause a été proposée et adoptée unanimement par la commission
et même par M. M. les commissaires prussiens, qui, dans la première séance,
étaient aussi munis des pleins-pouvoirs de la Russie.

Voici le motif qui a paru rendre cette clause nécessaire. Il est vrai
que les instructions portent: que la commission s'occupera de la détermination des territoires conquis sur Napoléon et ses alliés dans la dernière querre,
sans égard à la destination de ces territoires. Mais ces instructions n'ont
pas voulu que la commission agisse tout-à-fait machinalement, sans se per-
mettre de réfléchir; car dans ce cas il aurait fallu lui prescrire, 1. ce
qu'elle devait entendre sous le terme de conquête; 2. les bornes où ses
travaux devaient s'arrêter. Si la simple occupation hostile d'un pays dont
l'ennemi aurait été repoussé, après un séjour plus ou moins prolongé, suf-
fisait pour le faire considérer comme conquête, on aurait pu (sans doute fort
mal à propos) compter au nombre des conquêtes faites dans la dernière
guerre, les provinces russes occupées par Napoléon en 1812. Si la com-

Der Graf von Münster behauptet zwar in dieser Gegenerklärung, daß die Länder, welche von den legitimen Regenten früher an Napoleon nicht abgetreten worden, nicht als solche eroberte Gebiete ange-

---

mission n'avait pas eu lo droit de réfléchir sur le but de son travail, la lettre de ses instructions l'aurait également obligée à s'occuper de l'Espagne, que la majeure partie des puissances avait reconnu pour une possession légitime de Joseph Bonaparte. Si la commission a bien fait de ne pas s'occuper d'un travail si complétement inutile, elle aurait (sans agir par-là contre ses instructions, qui disent, que son travail doit se faire sans égard à la destination des territoires) peut-être dû également éviter l'évaluation des territoires qui ne sauraient être assujettis à une détermination quelconque, hors celle que leur souverain (mais non le congrès) pourrait leur donner. A cet égard la Hollande, le Hanovre, les villes anséatiques se trouvent dans le même cas que l'Esqagne.

Il est évident que le travail de la commission statistique a pour but de fournir des renseignements dont les cabinets pourraient avoir besoin pour déterminer les restitutions on les arrondissements que plusieurs puissances réclament.

Sous ces rapports les conquêtes faites sur l'ennemi doivent être considérées sous trois points de vue différents.

1. Les territoires indubitablement disponibles, comme p. e. la rive gauche du Rhin, en autant que la paix de Paris n'a point prononcé sur sa destination.

2. Les territoires déjà assignés à telle ou telle puissance, mais dont il est nécessaire de connaître la population, afin de juger du complément auquel cette puissance a droit de prétendre, comme p. e. le territoire assigné à l'Autriche en Italie, les provinces prussienne cédées à la paix de Tilsit.

3. Les provinces rentrées sous la domination de leur maître légitime; reconnu pour tel, dont le dénombrement ne saurait par conséquent intéresser le congrès par rapport au but qu'il se propose.

Si d'un côté la commission a cru devoir étendre son travail sur ces pays, dans l'idée de faciliter les calculs sur les provinces qui leur avaient été réunies (ravies) par l'ennemi; il a fallu insérer une réservation dans le protocole, pour éviter que ces pays ne soient confondus avec ceux compris sous une autre catégorie, mais tous confondus sous la dénomination générale de conquêtes.

C'est sous ce rapport que la protestation susmentionnée n'a pu con-

ſehen werden könnten, die dem Congreſſe zur Verfügung ſtänden;
allein er unternimmt es nicht einmal, den rechtlichen Nachweis ſeiner
Behauptung beizubringen, ſondern begnügt ſich, dieſe letztere als einen
ſchon anerkannten völkerrechtlichen Grundſatz darzuſtellen, welcher jedoch
in keiner Weiſe beſteht. Indeſſen kömmt es hier auf die Rechtsver=
hältniſſe, welche in Anſehung des vormaligen Kurfürſtenthums Han=
nover obwalteten, für den vorliegenden Zweck nicht weiter an. Es
ſoll hier nachgewieſen werden, daß das Herzogthum Braunſchweig in
den Eroberungen, über welche die Großmächte zu verfügen hatten, mit
begriffen war; und in dieſer Hinſicht werden die oben (S. 12. ff.)
deshalb beigebrachten völkerrechtlichen Gründe durch den Umſtand, wenn
überhaupt nöthig, noch verſtärkt, daß in der hannöverſchen Gegener=
klärung neben Holland, Hannover und den Hanſeſtädten das Herzog=
thum Braunſchweig nicht mit aufgeführt wurde. Es iſt daraus zu
ſchließen, daß das hannöverſche Cabinet der Anſicht war, ſeine vorhin
erwähnte Behauptung über Braunſchweig nicht mit ausdehnen zu kön=
nen. Im entgegengeſetzten Falle würde der Graf von Münſter nicht
verſäumt haben, dies zu thun, denn das Beiſpiel in Anſehung des
Herzogthums lag ihm näher, als das von Holland und den Hanſe=
ſtädten. Ja es hätte in ſeiner Pflicht gelegen, Braunſchweig mit an=
zuführen; wenn er der Meinung geweſen wäre, das dem Hauſe Han=
nover noch ein eventuelles Erbrecht auf die Regierung in Braunſchweig
zuſtehe; denn in dieſem Falle hätte er das Succeſſionsrecht Hannovers
wahren müſſen. Und an ein desfallſiges Vergeſſen von Seiten des
Miniſters iſt um ſo weniger zu denken, als derſelbe zu ſeiner Zeit
ſich des Rufes eines ſehr umſichtigen Staatsmannes erfreute, den

---

vaincre le sousigné que la clause, à laquelle d'ailleurs les plénipotentiaires
de la Grande-Bretagne et de France adhèrent, soit inutile ou déplacée.
à Vienne, le 28 décembre 1814.

Signé: Le comte de Muenster.

(Acten des Wiener Congreſſes, Band 5, S. 30.)

er auch dadurch rechtfertigte, daß er eine ansehnliche Vergrößerung Hannovers auf dem Wiener Congresse zu erwirken wußte.

Ungeachtet der hannöverschen Gegenerklärung wurde indessen Hannover, neben Braunschweig, von der statistischen Commission des Congresses unter den eroberten Ländern, Braunschweig mit einer Bevölkerung von 203,998 Seelen und unter dem Titel — vormalige Lande Braunschweigs (Anciens états de Branswick), aufgeführt (siehe Band 5, S. 107 der Wiener Congreß-Acten).

Das verloren gegangene Erbrecht des Hauses Hannover auf die Regierung in Braunschweig ist auch durch den §. 14 der braunschweigischen Landschaftsordnung von 1832 nicht wieder hergestellt. Dieser §. lautet:

„Die Regierung wird vererbt in dem fürstlichen Gesammthause Braunschweig-Lüneburg nach der Linealerbfolge und dem Rechte der Erstgeburt und zwar zunächst in dem Mannsstamme aus rechtmäßiger, ebenbürtiger und hausgesetzlicher Ehe.

Erlischt der Mannsstamm des fürstlichen Gesammthauses, so geht die Regierung auf die weibliche Linie nach gleichen Grundsätzen über."

Es liegt hier weiter nichts als eine nachrichtliche Bemerkung vor, durch welche nicht beabsichtigt wurde, an den Rechtsverhältnissen, die man zur Zeit für die geltenden hielt, irgend etwas zu ändern. Es ist darin weder ein Versprechen, noch ein Antrag, noch eine Anerkennung für Hannover enthalten. Der dabei sich eingeschlichene Irrthum, die unrichtige Voraussetzung nämlich, daß das frühere Erbrecht des Hauses Hannover noch bestehe, konnte das erloschene Recht nicht wieder hervorrufen, oder ein neues dafür erzeugen.

Das königliche Haus kann aus dem §. 14 eben so wenig ein Successionsrecht in Braunschweig herleiten, als seinem Erbrechte — wenn es noch bestände — dadurch ein Abbruch hätte geschehen können, daß in dem §. 14, gleich viel ob aus Irrthum oder absichtlich, ein anderer nicht zu dem Hause Hannover gehöriger Fürst als Herzog in Braunschweig, nach dem Erlöschen des Braunschweig-Wolfenbüttelschen Hauses, bezeichnet wäre.

Nur durch Vertrag ist dereinst die erledigte Regierung in Braunschweig zu verleihen und eine neue Dynastie daselbst zu gründen.

Müßte nun aber aller angeführten Umstände ungeachtet das vormalige hannöversche Erbrecht auf die Regierung in Braunschweig als noch bestehend angesehen werden, so würden doch gegen die Wirksamkeit desselben erhebliche Einreden anzuführen sein, die in dem nachstehenden Abschnitte dargelegt werden sollen.

III.
Einreden gegen die Wirksamkeit der etwanigen Erbansprüche Hannovers.

In dem braunschweigschen Lande möchte wohl nicht eine Stimme gegen die begründete Ansicht sich erheben, daß die Verfassung und Verwaltung des Herzogthums bei weitem höher stehen, als Grundgesetz und Administration im Königreiche Hannover, und daß Braunschweig einen sehr schweren Verlust erleiden würde, sollte es seine Staatseinrichtungen gegen die hannöverschen vertauschen müssen.

Wenngleich auch in Braunschweig noch Vieles zu wünschen übrig bleibt, so leidet es doch keinen Zweifel, daß das Herzogthum auf einer höheren Stufe der politischen Entwickelung steht als Hannover; daß Grundgesetz und Verwaltung daselbst freisinniger sind als in dem Königreiche; daß die braunschweigschen Staatsdiener sich in das constitutionelle Wesen bereits hineinübten und gewöhnten, während die königlichen Diener in Hannover, ihrer geringeren Selbstständigkeit wegen,

bisher nicht im Stande waren, in gleichem Maße einer solchen Nei-
gung sich hinzugeben; daß es insbesondere aber im Herzogthume einen
von der Willkühr der Regierung weniger abhängigen Richterstand giebt,
als dies im Königreiche der Fall ist.

Der §. 4 der braunschweigschen Landschaftsordnung von 1832
enthält folgende Bestimmung:

„Der Landesfürst wird in dem Patente, durch welches er
seinen Regierungsantritt verkündigt und die allgemeine Hul-
digung anordnet, zugleich bei seinem fürstlichen Worte ver-
sichern, daß er die Landesverfassung, in allen ihren Bestimmungen, beobachten, aufrecht erhalten und beschützen wolle.“

Zu der treuen Erfüllung dieser Vorschrift würde es für die hannöversche Regierung, nach dem Anfalle Braunschweigs an Hannover,
zwei wirksame Mittel geben: entweder das Königreich auf den staatlichen Standpunkt des Herzogthums zu erheben, oder das letztere als
besonderen Staat neben dem Königreiche für alle Zukunft fortbestehen
zu lassen. Indessen vermag die Regierung weder das eine noch das
andere dieser beiden Mittel in Anwendung zu bringen.

Hätte sie auch den Willen, die braunschweigschen Staatseinrichtungen auf das Königreich zu übertragen, der keineswegs vorauszusetzen
ist; so würde es ihr doch bei dem bestehenden großen Einflusse der
hannöverschen Aristokratie, den diese auf das Staatswesen ausübt, an
moralischer Kraft dazu fehlen. Man darf in dieser Hinsicht nur her-
vorheben, daß es in Hannover zwei Kammern der Landesvertretung
giebt und gerade der Wille der ersten Kammer von der Aristokratie
abhängig ist, während in Braunschweig das Einkammer-System besteht, dem das Herzogthum zum großen Theile seine raschere politische
Entwickelung verdankt.

Was aber den Fortbestand des Herzogthums als eigenen Staat,
neben dem Königreiche, anlangt, so steht damit die geographische Lage
beider Länder gegen einander im Widerstreite.

Das Herzogthum umfaßt acht von einander getrennte Theile, wo-

von sieben theils von hannöverschem Gebiete ganz umschlossen sind,
theils mit diesem und preußischem Grund und Boden grenzen, der achte
aber innerhalb preußischer Landeshoheit liegt. Dazu kömmt, daß
hannöversche und braunschweigsche Gebietsstücke sich gegenseitig von den
übrigen Zubehörungen abschließen, dergestalt, daß man, einen Fall
ausgenommen, von einem braunschweigschen Landestheile nicht nach dem
anderen gelangen kann, ohne hannöversches Gebiet zu berühren, und
andererseits, daß man im Königreiche Hannover nicht von der einen
Hälfte zur anderen, wenigstens nicht ohne einen großen Umweg zu
machen, zu gehen im Stande ist, ohne wiederum braunschweigsches
Land zu durchschreiten. Bei diesem Gemenge von größeren und kleine-
ren, nicht zusammengehörenden Gebietstheilen könnte es mit den rich-
tigen Grundsätzen der Staatslehre und Staatswirthschaft nicht in Ein-
klang gebracht werden, unter einem Scepter zwei Verfassungen mit
verschiedenartiger Volksvertretung, zweierlei Recht und Rechtsgang, von
einander abweichende Verwaltungsweisen und ungleichförmige Justiz-
und Verwaltungsbehörden, selbst nur eine kurze Zeit, neben einander
zu dulden. Grund genug, dem §. 4 der braunschweigschen Landschaftsordnung keine langdauernde Erfüllung vorauszusagen, besonders wenn
man auch noch erwägt, daß in neuerer Zeit, in den Jahren 1837
und 1856, die hannöversche Regierung schon zweimal für nöthig hielt,
die von dem jedesmaligen Regierungsvorgänger, mit Zustimmung der
Vertreter des Volkes, errichtete und durch fürstliches Wort garantirte
Verfassung durch einen Machtspruch), das eine Mal vollständig, das
andere Mal in wesentlichen Theilen, aufzuheben.

Es ist hiernach mit Sicherheit der Schluß zu ziehen, daß nach
dem Anfalle Braunschweigs an Hannover die Angehörigen des Herzogthums ihr derzeitiges staatliches Wohlergehen würden aufgeben müssen,
um sich unter hannöversche Verfassung, Justiz und Verwaltung zu
fügen.

Eine Verschlimmerung dieses Zustandes würde dann auch noch
darin liegen, daß der §. 13 der braunschweigschen Landschaftsordnung

unerfüllt bliebe, welcher vorschreibt, daß der Sitz der Regierung, drin= gende Nothfälle ausgenommen (welche natürlich nicht auf solche Fälle ausgedehnt werden können, deren Nothwendigkeit nicht von dem Wohle des Herzogthums bedingt ist,) nicht außer Landes verlegt werden soll; denn das königliche Haus hat bereits die entgegenstehende Verbindlich= keit übernommen, seine Residenz in Hannover zu behalten.

Wollte nun gar das Schicksal, daß mit dem Kronprinzen Ernst August (geboren 1845) der Mannsstamm des königlichen Hauses Han= nover ausstürbe, so würde das Herzogthum mit dem Königreiche an die älteste weibliche Linie des Braunschweig=Lüneburgschen Hauses, also an die der Königin Victoria von Großbritannien übergehen, und dann nicht allein die Regierung beider deutscher Länder in London sein, sondern auch damit all' das Ungemach für sie verknüpft werden, wel= ches früher Hannover allein schon einmal unter 5 Königen Englands zu ertragen hatte. [1])

Die zweite Einrede gegen die Wirksamkeit des Regierungsrechtes Hannovers in Braunschweig, soll hier aus Rücksichten nur ange= deutet werden, um so mehr als sie sich nicht auf das königliche Haus im Allgemeinen, sondern nur auf einen einzelnen besonderen Fall be= zieht, und ihre Kraft sich über die halbe Dauer eines Menschenlebens hinaus nicht erstreckt. Ihre Stützpunkte sind, neben den Grundsätzen des natürlichen Staatsrechtes über Regierungsfähigkeit, die goldene Bulle, Capitel 25 §. 3 ein Vertrag des Herzogs von Braunschweig= Lüneburg Magnus II. mit der Landschaft von 1367 und ein zwischen

---

1) Um das Ungemach näher zu bezeichnen, darf nur hervorgehoben werden, daß unter den Georgen sehr große Summen Geldes von Hannover nach England gingen, die meistens dazu verwandt sein sollen, die Opposition im Unterhause des englischen Parlamentes für die Ansichten der Regierung zu gewinnen; daß bei jedem Continental=Kriege Englands der Feind desselben zunächst danach strebte, das oft schutzlos gelassene Hannover zu besetzen, und daß dieses Land unter den englischen Königen dergestalt in der politischen Ausbildung gegen die benachbarten Länder zurückblieb, daß es an diesem Mangel an Fortschritt noch heute leidet.

dieses Fürsten beiden Söhnen, Bernhard und Heinrich), errichtetes Hausgesetz von 1415. [1])

Die erste oben angeführte Einrede zielt auf die Abwehr eines wirklichen Nachtheiles der braunschweigschen Bevölkerung, des Verlustes ihrer jetzigen, ihr lieb gewordenen staatlichen Einrichtungen. Die letzte hier hervorzuhebende Einrede hat hingegen, neben der Abwehr des Verlustes, auch die Erlangung eines Gewinnes zum Gegenstande, die Erreichung der Vortheile nämlich, welche dem Herzogthume durch seinen Anschluß an Preußen zu Theil werden würden. Sie gewinnt hier= durch um so mehr an Gewicht, als Hannover den Braunschweigern für diese Vortheile nichts zu bieten vermag, was auch nur entfernt denselben das Gleichgewicht hielte.

Es ist übrigens zu der Vereinigung mit Preußen nur unter der Bedingung Aussicht vorhanden, daß Braunschweig diesem Großstaate vollkommen einverleibt, also den Gesetzen und der Verwaltung Preußens untergeordnet werde. Das Herzogthum vermag weder bei dem Anfalle an Hannover noch bei der Verbindung mit Preußen seine jetzigen staat= lichen Einrichtungen zu bewahren. Das eine Königreich kann eben so wenig als das andere, das Herzogthum in sich aufnehmen und solches nach anderen Gesetzen als den in seinem eigenen Lande geltenden, re= gieren. Das Gegentheil würde ohne Dauer sein. Ohnehin erscheint aber auch, in Hinsicht auf Preußen, für eine nicht zu ferne Zukunft, nicht einmal mehr vortheilhaft für Braunschweig, seine jetzige Ver=

---

1) Aurea bulla, Cap. XXV. §. 3: „Primogenitus filius succedat, sibique soli jus et dominium competat, nisi forsitan mente captus fatuus seu alterius famosi et notabilis defectus existat, propter quem non deberet seu posset hominibus principari.',

Wegen des Vertrages zwischen Magnus II. und der Landschaft von 1367 siehe Zachariä a. a. O. Theil 1, S. 328, Note 4, und wegen des Hausgesetzes von 1415 siehe Carl Sack's Geschichte der Stadt Braunschweig im braunschweig= schen Jubel=Kalender für das Jahr 1861. Das letzte Document befindet sich in einer im herzoglichen Kammer=Archive zu Braunschweig vorhandenen Urkunden sammlung.

faſſung und Verwaltung zu bewahren, denn Preußen iſt ein Staat des
Fortſchrittes, nicht allein nach dem ausgeſprochenen Willen ſeiner Regierung, ſondern auch nach der wirkenden Kraft der jetzigen und zu
erwartenden Ereigniſſe. Außerdem kann man aber auch als gewiß annehmen, daß das Herzogthum für ſeinen augenblicklichen Verluſt —
denn einen Verluſt würden die Braunſchweiger auch in der Vertauſchung
ihrer jetzigen ſtaatlichen Einrichtungen gegen die preußiſchen wohl finden
können — vollſtändige Entſchädigung eben dadurch erhalten würde, daß
es nach dem Anſchluſſe einem großen Staate angehörte. Die Braunſchweiger hätten dann, als Preußen, bis zur weiteren Vereinigung Deutſchlands wenigſtens den Raum des ganzen Königreiches zur freien Bewegung
und würden dadurch eines großen Theiles der Beſchwerden der Kleinſtaaterei
überhoben ſein. Auch iſt zu erwarten, daß Preußen nicht lange mehr
zögern werde, ſeinen Staatsangehörigen, nicht allein in den Ländern
des europäiſchen Feſtlandes, ſondern auch in den überſeeiſchen, einen
eben ſo kräftigen Schutz angedeihen zu laſſen, als eines ſolchen Eng-
länder, Franzoſen, Nordamerikaner und andere Völker ſich ſchon längſt
von ihren Regierungen zu erfreuen haben.

Dieſe ſchon jetzt vorauszuſehenden Vortheile, verbunden mit der
politiſchen Sicherheit, welche ein Großſtaat, im Vergleiche zu den klei-
neren Staaten Deutſchlands, bei einem europäiſchen Kriege gewährt,
ſind ſo anſehnlich, daß die Braunſchweiger, wenn ſie ſolche erlangen
können, den Verluſt der Selbſtſtändigkeit ihres Herzogthums wohl
überall nicht mehr zu bedauern hätten.

Hierneben iſt nun noch eines, den gegenwärtigen Betrachtungen
etwas fern liegenden aber darum nicht minder wichtigen Gegenſtandes
Erwähnung zu thun, da derſelbe ebenfalls der Vereinigung mit Preußen das Wort redet.

Der Kern des deutſchen Volkes hat längſt erkannt, daß Deutſchlands Wohl die Wiedervereinigung ſeiner getrennten Theile verlangt;
daß in dem europäiſchen Staaten-Syſteme nicht eher dauernde Ruhe
und Sicherheit erwartet werden kann, als bis das einige Deutſchland

durch seine überwiegende Macht ohne Verbündete im Stande ist, den etwa kriegslustigen Nachbaren Achtung der Rechte der Völker einzuflößen und Ruhe zu gebieten, und daß Preußen allein der Anhaltspunkt zu dieser die nöthige Kraft gewährenden Wiedervereinigung des großen Vaterlandes sein kann.

Die Einverleibung Braunschweigs in Preußen würde seit der Vergrößerung dieses Staates nach den Ereignissen der Jahre 1813 und 1814 der erste Zuwachs desselben sein. So geringe solcher auch ist, so würde doch das Beispiel nicht ohne Einfluß bleiben und um so mehr wirken, als andere deutsche Völkerschaften sich überzeugen könnten, daß die Braunschweiger in ihren Erwartungen von den Vor= theilen der Verbindung mit Preußen sich nicht täuschten.

Würden hingegen die Mittelstaaten, welche bisher vorzugsweise der Herstellung eines großen und einigen Deutschlands, ja sogar der Errichtung einer stärkeren Central = Gewalt, als solche die deutsche Bundesversammlung in ihrer jetzigen Gestalt darbietet, unter der obersten Führung Preußens, sich widersetzten, durch Einverleibung be= nachbarter kleiner Fürstenthümer noch vergrößert, z. B. Hannover durch Braunschweig; so hieße das dem gedachten Widerstande neuen Zuwachs verleihen und vielleicht die Zerstückelung Deutschlands verewigen, oder wenigstens auf sehr lange Zeit fortsetzen.

IV.

Folgen der Einreden.

———

Der höchste Zweck des Staates ist die Erreichung des wahren Gesammt- oder Gemeinwohles (der salus publica). Jedes Volk ist befugt von seiner Regierung zu verlangen, daß sie diesen Zweck erfülle; wäre eine Regierung hierzu nicht im Stande, so würde sie als eine ungenügende anzusehen sein.

In vielen Fällen kann der Begriff des Gesammtwohles als zu unbestimmt erscheinen, und Zweifel über seine Bedeutung lassen. Indessen befinden sich die Braunschweiger in diesem Falle der Ungewißheit, Hannover gegenüber, nicht. Das geringste Maß ihrer an jede nachfolgende Regierung zu stellende Forderung besteht darin:

daß dieselbe die zur Zeit der Regierungseröffnung bestehende Verfassung „in allen ihren Bestimmungen beobachte, aufrecht erhalte und beschütze" (siehe oben S. 27).

Diese aus dem §. 4 der braunschweigschen Landschaftsordnung von 1832 sich ergebende Forderung wird auch durch das gemeine Staatsrecht unterstützt. Zachariä (a. a. O. Theil I. S. 305 f.) sagt in Betreff derselben:

„Die Succession, kraft Geblütes nach dem geltenden Thronfolgegesetz, ist wie jede andere Succession, z. B. aus völkerrechtlichem Titel, eine besondere Successionsart, auf welche weder die privatrechtlichen Grundsätze von der Singular-Succession, noch die der Universal-Succession, insofern an die Gesammtheit der Rechte und Pflichten des letzten Souverainetäts-Inhabers gedacht wird, zur Anwendung gebracht werden dürfen. Denn Singular-Succession ist sie nicht, weil dabei nicht bloß Rechte, sondern auch (und eigentlich) vorzugsweise) ein ganzer Cumulus von Pflichten (die Rechte nicht ohne die entsprechenden Pflichten) von einem Regenten auf den anderen übergehen: und von den privatrechtlichen Grundsätzen über den Erben als Universal-Successor kann keine Rede sein, weil auf den Staats-Successor nur die durch recht- oder verfassungsmäßige Ausübung der Staatsgewalt begründeten Pflichten des Vorgängers übergehen." Hiernach ist das Erbrecht Hannovers auf die Regierung in Braunschweig — vorausgesetzt, daß es noch bestände — ein bedingtes. Das braunschweigische Volk steht also in seiner Erwägung, ob Hannover die Bedingung seines Regierungsrechtes in Braunschweig erfüllen könne, dem königlichen Hause im Vertragsverhältnisse gegenüber.

Muß es aus den im dritten Abschnitte dieser Schrift (S. 26) enthaltenen Gründen die Ueberzeugung gewinnen, daß Hannover nicht im Stande ist, dem Herzogthume seine staatlichen Einrichtungen zu bewahren und zu beschützen, welches Nichtkönnen dem Nichtwollen rechtlich gleich zu achten ist; so hat es das Recht, die Regierung Hannovers über Braunschweig abzulehnen und anderweit Vorsorge über die Wiederbesetzung seines Herzogthrones zu treffen.

Die politische Unfähigkeit Hannovers, die Regierung in Braunschweig mit den daran geknüpften Verpflichtungen zu übernehmen, hat ihren Grund in dem Umstande, daß das Haupt des königlichen Hauses bereits Souverain eines Königreiches ist. Sie könnte gehoben werden durch die Entsagung auf die Regierung daselbst; allein da selbstverständlich Niemand ein Königreich für ein zehnmal kleineres Herzogthum vertauschen wird, so ist an die Hebung jener Unfähigkeit auf diesem Wege nicht zu denken. Eben so wenig ist es zulässig, daß der König, um dem Uebel zu begegnen, statt die Regierung in Braunschweig selbst zu führen, sie etwa einem nachgeborenen Prinzen seines Hauses übertrage, insofern ein solcher vorhanden wäre. Denn da sowohl in Braunschweig als in Hannover das Recht der Erstgeburt besteht, so vereinigt sich diesem Rechte nach die Würde des Königs mit der des

Herzogs in ein und derselben Person; das braunschweigsche Volk hat aber nicht die Verpflichtung, einen nachgebornen Prinzen als Herzog anzunehmen. Auch könnte es zu diesem Auskunftsmittel umsoweniger freiwillig sich verstehen, als solches seinem Vortheile nicht entsprechen würde. Ist es ihm einmal durch das Geschick versagt, seine Selbstständigkeit unter dem Braunschweig-Wolfenbüttelschen Fürstenhause fortzusetzen, so ist begreiflich, daß es dann danach strebt, für die Zukunft die Vortheile zu genießen, welche die Vereinigung mit einer nationalen Großmacht darbietet.

Die Befugniß der Ablehnung der Regierung Hannovers von Seiten des braunschweigischen Volkes ist schon vollständig durch die Unmöglichkeit begründet, daß das königliche Haus die Fortdauer der braunschweigischen Verfassung und Verwaltung garantire. Noch dringender aber wird die Nothwendigkeit jener Ablehnung, wenn man auch die Vortheile in Anschlag bringt, welche für das Herzogthum aus der Verbindung mit Preußen hervorgehen, die aber nicht auch der Anschluß an Hannover gewähren würde.

Es ist zwar richtig, daß man bei der gewöhnlichen Vererbung der Regierung eines Staates auf den Descondenten ein größeres Maß der Leistung des Staatsoberhauptes in Beziehung auf die Erfüllung des Staatszweckes und besonders auf die Gewährung der äußeren Sicherheit nicht verlangen darf, als dem Vorgänger in der Regierung verfassungsmäßig und nach den natürlichen Kräften des Landes oblag. Allein ein anderes Verhältniß tritt ein, wenn ein seiner bisherigen Fürstenlinie beraubter Staat eine neue Dynastie erhalten soll, und die neue Regierung nicht das an staatlichem Wohlergehen und äußerer Sicherheit ihm zu bieten vermag, was er unter einer anderen mächtigeren Dynastie erhalten kann. Es würde dann doch zu sehr gegen das natürliche Recht des braunschweigischen Volkes verstoßen, wenn es wegen einer vor Jahrhunderten entstandenen Gewohnheit — denn etwas anderes ist das Regierungserbrecht nicht — und wegen einer vor mehr als 300 Jahren entstandenen Verwandt-

schaft des hannöverschen Hauses mit der Braunschweig = Wolfenbüttel=
schen Fürstenlinie für alle Zukunft verurtheilt sein sollte, mit dem
Königreiche Hannover, einem nicht mächtigen und in seiner politischen
Entwickelung zurückgebliebenen Staate, verbunden zu werden', während
es durch den Anschluß an Preußen eine größere politische Freiheit und
daneben eine größere Sicherheit gegen äußere Feinde erlangen würde,
als durch jene Verbindung.

Sollten indessen noch Zweifel darüber bleiben, ob das Herzog=
thum berechtigt sei, wegen der in der Vereinigung mit Preußen zu
erreichenden größeren Vortheile dem hannöverschen Erbrechte die Wirk=
samkeit abzusprechen; so muß das braunschweigische Volk um so mehr
sich veranlaßt finden, bei seinem nicht bestreitbaren, oben entwickelten
Rechte zu beharren, die hannöversche Regierung über sich deshalb ab=
zulehnen, weil sie nicht im Stande ist, die unerläßliche Bedingung des
Erbrechtes des königlichen Hauses zu erfüllen,

> die braunschweigische Landesverfassung, in allen ihren Be=
> stimmungen, zu beobachten, aufrecht zu erhalten und zu be=
> schützen.

Es mag noch die Frage aufzuwerfen sein, ob dem Hause Han=
nover für sein vereiteltes Erbrecht irgend eine Entschädigung und
welche gebühre; allein es kann dieselbe hier unerledigt bleiben. Sie
ist für das braunschweigische Volk eine untergeordnete und würde, wenn
die Vereinigung Braunschweigs mit Preußen zu Stande kömmt, der
Regierung des letzteren Staates zur Erledigung anheim fallen, insofern
Hannover eine Entschädigung in Anspruch nehmen sollte.

Dagegen ist ein anderer höchst wichtiger Gegenstand hier noch in
Betracht zu ziehen.

Selbst das begründetste Recht findet in völkerrechtlichen Angele=
genheiten in der Regel, in staatsrechtlichen häufig, nur dann die ver=
diente Geltung, wenn dem Berechtigten zu dessen Unterstützung eine
entsprechende Macht zu Gebote steht. Das braunschweigische Volk be=
sitzt diese Macht in dem vorliegenden Falle bei weitem nicht; es wird

daher sein Recht nur dann aufrecht erhalten können, wenn es sich dabei der Hülfe einer mächtigen Regierung zu erfreuen hat, welche nur die preußische sein kann. Diese Bewandniß der Sache führt zu einer im folgenden Abschnitte in Erwägung zu ziehenden Frage.

V.

Wird Preußen dem Herzogthume Braunschweig die Aufnahme in seinen Staatsverband zugestehen?

Das Herzogthum Braunschweig, mit dem Flächeninhalte von 67 Quadratmeilen, ist seiner geographischen Lage nach ein eben so vortheilhafter Zuwachs für Preußen, als es ein solcher für Hannover sein würde. Ja es mag sein, daß für Preußen die Verbindung seiner östlichen Provinzen mit den westlichen durch die Einverleibung des braunschweigischen Gebietes noch wichtiger ist, als für Hannover die Ausfüllung der Lücke zwischen den Fürstenthümern Göttingen und Grubenhagen auf der einen Seite und dem Bisthume Hildesheim und den lüneburgischen Landen auf der anderen Seite. Freilich würde die Verbindung der beiden Theile des preußischen Königreiches noch nicht vollständig sein, da die beiden Haupttheile Braunschweigs durch das hannöversche Gebiet bei Salzgitter getrennt werden. Allein wollte Hannover dem freien Durchgange auf dieser Strecke Hindernisse entgegenstellen, ungeachtet der durch den Artikel 31 der Wiener Schluß-Acte (Acte final) vom 9. Juni 1815 getroffenen Abhülfe; so würde Preußen durch das Vergeltungsrecht auf der von Göttingen nach Hannover führenden Eisenbahn und auf der Ammenser Heerstraße, so weit beide im braunschweigischen Amte Greene liegen, dieselben beseitigen können.

Jener Vortheil für Preußen würde durch die Vermehrung der Einwohnerzahl des Königreiches um die Bevölkerung Braunschweigs von etwa 250,000 Seelen, welche gebildet, wohlhabend und betriebsam ist, noch erhöht werden, und hiernach die obgleich nur geringe Vergrößerung sich als eine sehr annehmbare darstellen. Es kömmt daher nur noch darauf an, ob die preußische Regierung, nach dem Ausspruche des Wunsches des braunschweigischen Volkes, mit dem Königreiche vereinigt zu werden, noch ein Bedenken, denselben zu erfüllen, in völkerrechtlicher Hinsicht hegen könne.

Bevor man hierüber die Aeußerung einer bestimmten Ansicht der preußischen Regierung zu erlangen im Stande ist, wird angemessen sein, einstweilen den Versuch zu machen, die Frage nach Maßgabe der bisherigen preußischen Politik zu beantworten.

Dürfte man dabei bis zur Eroberung Schlesiens im siebenjährigen Kriege, auf die Theilung Polens, soweit Preußen dabei gewann, auf die Vergrößerung desselben durch den Reichs-Deputations-Hauptschluß vom 25. Februar 1803 (siehe oben S. 5 die Note) und auf den Zuwachs zurückgehen, welchen es nach den kriegerischen Ereignissen der Jahre 1813 und 1814 erhielt: so könnte man über die Geneigtheit der preußischen Regierung zu der Erfüllung des vorläufig vorausgesetzten Wunsches der braunschweigischen Bevölkerung, ihrem Königreiche einverleibt zu werden, nicht im Zweifel sein. Denn sie wird nicht umhin können, die oben, im zweiten, dritten und vierten Abschnitte, dargelegten Gründe, gegen den Anfall an Hannover und für den Anschluß an Preußen, als den Rechten gemäß und triftig anzuerkennen.

Will man indessen, um den Gegenstand vollständig zu erschöpfen, annehmen, die preußische Politik habe sich seit den erwähnten, schon etwas fern liegenden Ereignissen in diesem oder jenem Punkte geändert, so ist noch Folgendes in Erwägung zu ziehen.

Die jetzige hier in Betracht kommende Politik der preußischen Regierung läßt sich zum Theil aus der Note entnehmen, welche

sie an ihren Gesandten in Turin unterm 13. October 1860 erließ.
Dieses Schreiben enthält die Mißbilligung der von der sardinischen
Regierung befolgten Politik, indem dieselbe der italienischen Revolution
durch Besitznahme der päbstlichen Staaten und des Königreiches beider
Sicilien ihre Unterstützung angedeihen ließ. Es heißt darin:

„Alle Argumente dieses Actenstückes" (des Manifestes
der sardinischen Regierung über das von ihr zu beobachtende
Verfahren in der Angelegenheit der Vereinigung Italiens unter dem Scepter des Königs Victor Emanuel) „fußen auf
dem Satze der unbedingten Berechtigung des Nationalitäts-
Princips. Sicher liegt es uns fern, den hohen Werth der
nationalen Idee bestreiten zu wollen; bildet doch diese eine
wesentlich und offen anerkannte Triebfeder unserer eigenen
Politik, welche in Deutschland stets die Entwickelung der nationalen Kräfte und ihre Zusammenfassung mittelst einer
wirksameren und machtvolleren Organisation zum Ziele haben
wird. Aber wie groß auch immer die Bedeutung sein mag,
welche die preußische Regierung dem Nationalitäts-Principe
beilegt, so glaubt sie daraus doch in keiner Weise einen
Rechtfertigungsgrund für eine Politik entnehmen zu dürfen,
welche es übernähme, sich von der Achtung loszusagen, welche
dem Principe des Rechts gebührt. In unseren Augen erscheinen vielmehr beide Principien durchaus nicht unverein-
bar; allein wir sind der Ueberzeugung, daß nur auf dem
legalen Wege der Reform und unter Respectirung der
bestehenden Rechte es einer gesetzmäßigen Regierung (gouver-
nement régulier) gestattet ist, die gerechten Wünsche der Nationen zu befriedigen.

Nach dem sardinischen Memorandum dagegen müßte jede
andere Rücksicht vor den Ansprüchen der nationalen Bestrebungen zurücktreten, und wo nur immer die öffentliche Meinung sich zu Gunsten solcher Bestrebungen ausspräche, bliebe

der bestehenden Autorität nichts übrig, als unbedingte Unterwerfung unter diese Willensäußerung.

Eine politische Lehre, welche in so schroffem Gegensatze
zu den Fundamental-Principien des Völkerrechts steht, kann
nur unter den größten Gefahren für die Rechte Italiens, für
das politische Gleichgewicht und den Frieden Europa's zur
Geltung gelangen; mit ihr verläßt man den Weg der Reform
und wirft sich auf die Bahn der Revolution.

Allein selbst diese gemäßigte Ansicht von der durch die preußische
Regierung zu befolgende Politik genügt, um erwarten zu können, daß
sie den hier in Betracht kommenden Wunsch der braunschweigischen Bevölkerung, sobald solcher bestimmt von ihr ausgesprochen sein wird,
gewähren werde. Denn deren Verlangen verstößt in keiner Weise gegen die Ueberzeugung der preußischen Regierung,

daß allein auf dem legalen Wege der Reform und unter
Respectirung der bestehenden Rechte es einer gesetzmäßigen
Regierung gestattet ist, die gerechten Wünsche der Nationen
zu befriedigen.

Setzt man auch voraus, daß dem Hause Hannover noch ein Erbrecht auf die Regierung in Braunschweig zustehe, so ist es doch nicht
im Stande, dem gerechten Ansprüche des braunschweigischen Volkes, daß
seine Landesverfassung, in allen ihren Bestimmungen, beobachtet, aufrecht erhalten und beschützt werde, Genüge zu leisten; es vermag daher
nicht, die durch das gemeine, wie durch das specielle braunschweigsche
Recht vorgeschriebene Bedingung seines Regierungsantrittes im Herzogthume zu erfüllen; Braunschweig muß es als ein Unglück ansehen,
unter die Regierung Hannovers zu kommen, dagegen als eine Wohl-
that, mit Preußen verbunden zu werden; das entsprechende Verlangen
der Braunschweiger verletzt kein Recht eines ihrer souverainen Fürsten,
sondern widerspricht nur dem einstweilen hier als bestehend vorausgesetzten Erbrechte eines dem braunschweigischen Lande fremden Regierungs-
Prätendenten, auf dessen Seite allein das Hinderniß der Erreichung

seines Anspruches liegt, und daneben endlich bleibt der Weg der Entschädigung für das Erbrecht, insofern solches die rechtliche Prüfung
besteht, unverschlossen; wie könnte also das Bestreben Braunschweigs,
mit Preußen verbunden zu werden, wohl anders, als auf dem legalen
Wege der Reform sich haltend, bezeichnet werden!

VI.
Mittel zur Ausführung des Anschlusses an Preußen.

Um den Anfall Braunschweigs an Hannover zu verhüten und
statt dessen die Verbindung des Herzogthums mit Preußen zu erlangen,
ist zunächst zu erforschen nöthig, ob der Wunsch der Vereinigung mit
dem letzteren Staate in der Bevölkerung des braunschweigischen Landes
ein allgemeiner und lebhafter sei.

Nach genügender Verbreitung der Belehrung über den Gegenstand,
ist erforderlich, daß die Bevölkerung gemeindenweise sich darüber berathe.
Spricht sich dann der Wunsch für den Anschluß an Preußen aus, so ist
solches, um in dem gesetzlichen Wege zu bleiben, der Versammlung der
Abgeordneten des Landes, oder wenn diese nicht tagt, ihrem Ausschusse
mit dem Anliegen in Zuschriften mitzutheilen, daß sie die Mittel in
Anwendung bringen möge, welche zur Erfüllung des Wunsches der Bevölkerung des Landes führen.

Die Versammlung der Abgeordneten hat nicht allein das Recht
(vergleiche §. 113 der neuen Landschaftsordnung von 1832), sondern auch nach Vorschrift des Grundgesetzes (siehe §. 94 a. a. O.)
und nach der Natur ihres Berufes die heilige Pflicht, den vorliegenden,
die künftige Wohlfahrt des Landes betreffenden Gegenstand in ihre
besondere Erwägung und Obhut zu nehmen und zum guten Ende
zu bringen.

In Ansehung des von ihr einzuschlagenden Weges, um das er=
wünschte Ziel zu erreichen, soll hier nicht vorgegriffen werden. Sie
selbst wird am besten ermessen können, welche wirksame Maßregeln
Zeit und Umstände erfordern.

VII.
Rechte des Herzogs Carl von Braunschweig.

Am Schlusse dieser Schrift ist noch der Rechte zu gedenken,
welche dem Herzoge Carl an dem braunschweigischen Lande und dessen
Regierung zustehen. Es soll hier nicht erwogen werden, welches das
Maß dieser Rechte ist, vielmehr kann in dieser Hinsicht auf das 7.
und 8. Kapitel des im Jahre 1858 bei Otto Wigand in Leipzig er
schienenen Werkes: „Der Aufstand in der Stadt Braunschweig am
6. und 7. September 1830 und der bevorstehende Anfall des Herzog=
thums Braunschweig an Hannover"[1] Bezug genommen werden. Im
Allgemeinen ist nur hervorzuheben, daß solche Rechte noch bestehen. Sie
ganz zu leugnen, den Herzog Carl also in Beziehung auf die Regierung des Landes als nicht mehr am Leben befindlich anzusehen, würde
in hohem Grade gegen das gemeine Staatsrecht, wie gegen das Bundes=
staatsrecht, verstoßen.

Es ist möglich, daß der Herzog Carl keinen Anspruch mehr dar=
auf macht, die Regierung in Braunschweig je wieder zu übernehmen,
da er seit der Niederlegung seiner Rechtsverwahrung in das Bundes=
tags=Protocoll vom 14. April 1831 gegen den Bundesbeschluß vom

---

[1] Das Buch ist mit dem dazu im Jahre 1859 erschienenen Ergänzungs=
Kapitel im Herzogthume Braunschweig wenig bekannt geworden, weil die Buch=
händler des Landes dasselbe in den öffentlichen Blättern nicht ankündigten.

2. December 1830 (siehe S. 304 des vorhin angeführten Buches) keinen bekannt gewordenen Schritt zur Wiedererlangung seiner Rechte mehr gethan hat; allein so viel ist gewiß, daß wenn der Herzog Carl den regierenden Herzog Wilhelm überleben sollte, von einer Aufhebung der Selbstständigkeit des Herzogthums, auf welche Weise dieselbe auch geschehen könnte, ohne Verletzung des im deutschen Bunde geltenden Rechtes, nicht eher die Rede sein darf, als bis auch der Herzog Carl aus dem Zeitlichen geschieden sein wird.

Sollte er als der letzte Fürst aus dem Hause Braunschweig-Wolfenbüttel übrig bleiben, so würden in Beziehung auf die Regierung im Herzogthume, innerhalb der Schranken des Rechtes, zwei Fälle eintreten können. Entweder erhielte der Herzog Carl wiederum die Zügel der Regierung, oder es würde eine Regentschaft für ihn eingesetzt. Ein dritter Fall, jedoch außerhalb der eben gedachten Schranken, wäre der, daß Hannover das Herzogthum für sich in Besitz nähme, indem es auf den Bundesbeschluß vom 2. December 1830 und auf die agnatische Anordnung vom Monate März 1831 (siehe das 11. Kapitel des angeführten Buches) sich stützte. Müßte angenommen werden, daß eintretenden Falles dereinst der König von Hannover, als nächster Agnat, die Regentschaft erhielte, so würden die beiden letzten der angeführten drei Fälle das Land Braunschweig mit großem Ungemache bedrohen. Es ist daher dringend nöthig, daß dem möglichen Einbruche desselben zeitig vorgebaut werde. Dies wird geschehen, wenn das Organ des braunschweigschen Volkes, die Versammlung der Abgeordneten des Landes, den Anschluß des Herzogthumes an Preußen von dem Zeitpunkte der Erlöschung des Braunschweig-Wolfenbüttelschen Fürstenhauses an, so wie die Uebernahme der etwa vorhergehenden Regentschaft durch die preußische Regierung, in kürzester Frist sicher stellt.

Möge Braunschweig über sein Schicksal wachen!

B. im Januar 1861.   .   S.

www.ingramcontent.com/pod-product-compliance
Lightning Source LLC
Chambersburg PA
CBHW032132080426
42733CB00008B/1046